세종 임금께서 훈민정음을 창제하셨으나 주 시경 선생이 아니었더라면 오늘의 한글은 존재하지 못했을 것이다. 말과 글을 빼앗긴 어둠의 시대에 우리 말과 글의 체계를 찾고 법을 세우는 일에 일생을 바치신 한힌샘 주 시경 선생, 그 분이 세상에 나신 지 백 마흔 번째 되는 해를 맞아 이 책을 삼가 선생의 영전에 바친다. ─ 열화당 지킴이

일러두기

· 이 책은 1960년에 한글 학회에서 펴낸 『주 시경 선생 전기』를 되펴내는 것이다.
· 본문은, 현재의 내용과는 맞지 않는, 당시 시점으로 적힌 내용도 그대로 둘 만큼
  원본을 유지하면서 최소한으로 수정했다.
· 띄어쓰기는 대체로 '한글 맞춤법'의 원칙에 따랐다.
· 책 끝에는 김 정수 교수가 쓴 '꼬리말'과 '주 시경 해적이'를 덧붙였다.

# 주시경 선생 전기

# 주시경 선생 전기
## 김 윤경 엮음

열화당 영혼도서관

주 시경 선생. 선생은 과연 우리 말을
과학적으로 개척한 원조였다.

# 차례

주 시경周時經(단기 4209, 고종 13, 서기 1876년 11월 7일 생, 단기 4247, 서기 1914년 7월 27일 작고) 선생은 처음 이름이 상호相鎬요, 나중 이름이 한힌샘이다.

　선생의 부모의 고향은 황해도 평산군平山郡 인산면麟山面 차돌개였는데, 그 아버지는 학원鶴苑(면석冕錫) 씨요, 그 어머니는 전주 이 씨였다. 그 아버지 면석 씨는 팔십이 세의 한 평생을 청빈한 문필가로서 『구암집龜岩集』을 썼다. 그는 나중에 봉산군鳳山郡 쌍산면雙山面 무릉武陵골로 이사하여 후진을 교도敎導하게 되었다. 선생은 이 무릉골에서 나시었다. 선생이 잉태될 때 선생의 어머니 꿈에 백발 노승이 연적을 주면서 "남편이 연적을 찾으니 이를 주라" 하였는데, 이 때부터 태기가 있어 고종 13년(서기 1876년) 11월 7일에 무릉골 자그마한 초가에서 선생을 낳으신 것이다. 그 아버지 삼십이 세, 그 어머니 이십구 세 때였다. 선생은 육 남매(맏누이, 언니 시통時統, 아우 시강時綱·시종時綜, 누이) 중의 둘째 아들로 태어났는데, 형제들이 연년생임과 집이 가난함과 젖이 넉넉하지 못함과 낳던 다음 해에 큰 흉년이었던 때문에 그 적은 양도 채우지 못하여 몇 번인가 기절한 일도 있었으며, 그 어머니와 누님이 도라지를 뜯어다가 죽을 쑤어서 어린 형제들의 나이 차례로 분배하였다 한다.

　선생의 나이 십삼 세(고종 25, 서기 1888년) 되던 봄에 서울서 처가(안동 권씨 댁)살이하던 큰아버지 되는 학만鶴萬(면진覓鎭) 씨가 시골 선생 댁에 와서 형제분이 의논한 결과 선생을 양자養子로 정하여 서울로 데리고 올라오게 되었다. 학만 씨는 두 아들과 한 딸을 두었었으나 괴질로 다 잃었기 때문이었다. 선생의 큰아버지, 곧 양부養父는 처가에서 한 해 반이나 아무 하는 일 없이 먹고만 지내다가 남문南門 시장에서 해륙 물산 객주海陸物産客主 업을 시작하여 셈평이 펴게 되던 중에 자녀를 다 잃고 실망하여 술로 세월을 보내다가 선생을 양자로 데려온 것이므로, 그리 화평한 가정은 되지 못하였다.

선생이 다니는 글방(서당)도 장사하는 사람들과 중인中人(평민) 자제들뿐이었으므로, 선생은 더 훌륭한 선생에게 배우기를 원하였다. 그런데 선생이 다니던 글방에 가는 도중에는 이 회종李會鍾이란 진사進士가 자질子姪 몇 명을 데리고 가르치는 글방이 있었다. 선생은 글방에 갔다가 올 적마다 그 집 문 앞에서 한두 시간씩 우두커니 기다림같이 섰다가 가기를 수십 일이나 하였다. 이 진사는 이상하게 생각하여 자질을 시켜 물어 보게 하였으나, "아무 일도 아니라"고 하였다. 이것이 선생의 십오 세 때의 일이었다. 그러하나 그 뒤도 여전하므로 이 진사는 자기가 친히 선생에게 물었다. 그제서야 선생은 묻는 대로 자기는 '중바닥 서당'에 다님과 이 선생 같은 분에게 배우기를 원한다고 말하므로, 이 진사는 곧 허락한다 하고 글방으로 맞아들여 앉히고 성명, 나이, 가정 형편, 고향 생부生父, 서울 양부養父, 양부의 직업을 물어 알게 되었다. 이 선생은 자기 집에는 남북촌南北村 대신大臣과 명사名士들이 드나드니, 집에 가서 알리고 내일부터 자기 집에 와서 머물면서 공부하되, 신분을 묻는 이가 있으면 자기의 친구 평산 주 아무개의 아들이라 하라고 일러 주었다. 십팔 세 때까지 이 진사 집에서 공부하면서 장안의 명사들을 알게 되었고, 선생의 부친 학원 씨도 이 진사와 친하게 되었다. 이 진사가 작고한 뒤에는 사모님에게 배우게 되었다.

그러한데 선생은 한문漢文만 배우는 것은 시대가 요구하는 학문이 아니요 시간만 낭비함이라고 깨닫게 되었다.

십구 세 되던 해(고종 31, 서기 1894년) 9월에 선생은 머리를 깎고 배재 학당培材學堂에 들었다. 한문이 아니면 글이 아니라 생각하던 그 때, "몸과 털이나 가죽은 다 부모가 준 것이므로, 이것을 다쳐서는 안 된다(身體髮膚 受之父母, 不敢毁傷)"고 생각하던 그 때, 큰 깨달음이요 용기였다. 당시 선생의 주택은 남대문로 상동 교회尙洞敎會 옆(창동倉洞) 작은 초가였다. 너무 가난하기 때문에 선생은 벌어서 공부할 뿐 아니라, 집안 살림까지도 돕지 않으면 안 될 형편이므로, 공부하는 여가에는 배재 학교培材學校 인쇄소 잡역雜役을 하면서 교사 박 세양朴世陽, 정 인덕鄭寅德 씨 들에게서 신학문新學問을 배웠다.

이십삼 세(광무 2, 서기 1898년) 되던 9월에 만국 지지과萬國地誌科를 졸업하게 되었다. 선생은 이 해에 배재培材 보통과普通科에 입학하였다. 선생이 지지학 교사 서 재필徐載弼 박사에게 총애를 받음도 이 때부터였다. 그리하여 그 뒤 서 재필 박사가 선생을 '독립신문사獨立新聞社'의 회계會計 겸 교보원校補員으로 뽑아 쓴 것이다. 이는 선생이 늘 생각하는 한글 연구의 좋은 기회였다. 인쇄소 관리자는 교사 미국인 올링거 F. Ohlinger 박사였다. 일이 있는 시간 밖에는 시간을 다 사생활에 쓸 수 있었으므로, 선생은 이러한 여유의 시간을 한글 연구에 바치었다. 그 인쇄소에서 박아 내는『협성회보協成會報』나『독립신문獨立新聞』이 다 순 한글로 박게 되었고, 선생이 이를 다 교정하였던 것이다. 재학 당시부터 한글 연구를 위하여 국문 동식회國文同式會를 조직하고 문서나 책자를 박을 때에는 순 한글로 하기를 권장하였다.

이십오 세(광무 4, 서기 1900년) 되던 6월에 선생은 배재 보통과를 졸업하였다. 또 관립 인천 이운 학교仁川利運學校에서 항해술을, 서울 수진동壽進洞 흥화 학교興化學校에서 측량술을, 이화 학당梨花學堂의 영국인 의학 박사에게 영어와 의학을 배웠고, 그 의학 박사에게 선생은 한국 글을 가르쳐 주었다. 또 외국어 학교外國語學校에서는 일어日語와 청어淸語의 강의를 수시로 들었다. 독학獨學으로는 한글 연구 밖에 식물학, 기계학, 종교학을 연구하였다.

그리고 선생은 서울 안의 각 학교와 강습소, 외국인의 한어 연구소韓語研究所 들의 교사로 분주하였다. 또 인쇄 직공, 간호원, 학교 사무원, 협성회協成會 간부幹部 전적典籍, 동同 회보 기자, 독립신문사 회계 겸 교보원, 동 신문사 총무, 독립협회 간부, 국문 동식회國文同式會와 만민 공동회萬民共同會의 조직자 겸 지도자로 대단히 분주한 생활이었다. 합병合倂된 지 사 년 뒤인 서기 1914년에, 국내에서는 왜정倭政의 압박으로 독립 운동을 할 수도 없어서 동지들은 대개 외국으로 망명함이 아니면 왜정이 꾸며 낸 '총독 암살 음모'라는 허무한 사건으로 갇혀서(곧 105인 사건) 서로 의논할 동지가 없으므로, 선생은 해외로 망명하기로 결심하고 7월 방학 때에 고향에 가서 부모와 친척을 작별하고 서울로 돌아와서 떠날 준비를 하던 중에 갑자기 체증으로 7월 27일에 서울 내수동內需洞 안 자택에서 아깝게 작고하게 되니, 나이는 겨우 삼십구 세였다.

선생은 이십일 세(서기 1896년, 건양 1년, 병신) 때 김해 김 씨와 결혼하여 삼남 이녀를 두었는데, 맏따님 송산松山은 미술가 이 종우李鍾禹(현재 홍익 대학 교수) 씨에게 출가하였고, 둘째 따님 춘산春山은 출가하여 상배喪配하였고, 맏아드님 삼산三山은 어려서 죽었고, 둘째 아드님 백산白山은 혼인하여 삼녀 일남을 낳고 작고하였으며, 셋째 아드님 왕산王山은 혼인하여 이남 일녀를 두고 이제 중앙 중고등 학교 교감으로 근무 중이다. 선생의 백씨伯氏 시통詩統과 계씨季氏 시강時綱은 북한에 있었는데, 생사를 알 길이 없다.

선생은 국어 연구의 공로자로 학부學部에서 세 차례의 연말 상금을 받음이 다음과 같았다.

융희 원년(서기 1907년)　　12월 21일―금 20원
융희 2년(서기 1908년)　　12월 21일―금 30원
융희 3년(서기 1909년)　　12월 21일―금 20원

참고 ― 『배재사培材史』
　　　『이 승만 박사 전기李承晩博士傳記』
　　　『서 재필 박사 전기徐載弼博士傳記』
　　　『윤 치호 씨 전기尹致昊氏傳記』

위에서 선생의 가정 환경과 약력을 소개하였거니와, 다음에 선생의 일화나 생활의 각 방면을 이 모 저 모에서 살펴볼까 한다.

## 수숫대 집 짓기

여섯 살 때(고종 18, 서기 1881년)의 일이다. 집의 뜰에서 동무들과 함께 수숫대(수수땅, 수수깡)로 집을 짓고 놀다가 한 동무가 이를 방해하므로, 싸움이 벌어지게 되어 그 동무는 울부짖었다. 이 소리를 들은 동리 어른들이 달려와서 이를 말리다가 수숫대로 지은 집을 보고 이 집을 지은 아이가 누구냐 물었다. 동무들은 수숫대를 없앴다고 꾸지람을 들을까 두려워서 대답을 못 하고 머뭇거릴 때에 선생은 자기가 지은 것임과, 다른 아이들은 자기를 도와만 주었다 하였다. 어른들은 그 집이 비록 손장난의 결과에 지나지 않는 일이지마는 매우 교묘하게 되었으므로 "너는 장래 큰사람이 되겠다"고 칭찬하였다. 이 범상한 일에서 선생의 비범한 솜씨와 정직한 성격이 드러난 것이다.

## 덜렁봉에 닿은 하늘을 만져 보러 올라감

여덟 살 때(고종 20, 서기 1883년)의 일이다. 서당에서 강講을 마치고 난 3월 15일에 글방 동무들과 놀다가 하늘이 남쪽에 솟은 덜렁봉 위에 닿음을 보고 하늘이 어떠한가 만져 보러 산에 오르게 되었다. 중턱에 이르니 꽃들이 만발하여 여러 동무들은 꽃 꺾기에 정신이 팔리어 묏부리에 오르기를 잊어버리고 말았다. 그러나 선생은 가파르고 높음을 무릅쓰고

15

꼭대기까지 올라가 보았다. 그러나 거기에 가 보아도 하늘은 닿은 것이 아니요, 거기서 끝없이 높음을 깨달았다. 하늘이 산봉우리에 닿음같이 보임은 눈의 착각임을 알았다. 의심나는 환경의 사물에 대한 지식욕, 연구력에 대하여 철저한 의지력을 가졌음은 이같이 어린 때부터 나타나고 있었다.

## 머리를 깎고 배재 학당에 들어감

열아홉 살(고종 31, 갑오, 서기 1894년) 되던 해 9월에 선생은 머리를 깎고 배재 학당에 들었다. 이는 선각자적 인격과 용기를 잘 보여 주는 일이라 하겠다. 옳다고 깨달은 일이면 곧 실행하고, 실행하게 되면 끝을 내고야 마는 성격을 가진 분이다.

## 한글 연구의 동기

열일곱 살(고종 29, 서기 1892년) 되던 때였다. 서당에서 이 진사에게 한문을 배울 때 이 진사가 한문의 뜻을 해석하려면 반드시 우리 말로 번역함을 보고, 선생은 속으로 '글은 말을 적으면 그만이다' 하는 생각이 번개처럼 떠오르게 되었다. 이것이 한글 연구에 일생을 바치게 한 동기였다. 말을 적는 방법 곧 부호符號가 한문같이 거북하고 어려워서야 어느 겨를에 학문을 얻어 가질 수 있겠느냐. 만일 한글로 우리 말을 적는다면(한문으로 적지 말고) 사반공배事半功倍가 될 것이다. 그러나, 말과 글을 더 닦고 갈지 않으면 안 될 상태다. 이리하여 우리 말과 글을 연구하기로 결심한 것이다. 선생이 새 교육에 뜻을 두고 배재 학당에 들어감도 이 때문이었다.

당시 일반은 교육에 대한 이해가 없었고, 새 학문을 교육하는 학교를 좀 이해한다 하는 이라도 옛 과거 준비의 새 방식이라 생각하고, 졸업은 곧 과거에 급제하는 것이라 알았다. 그리하여 학교에 다니다가도 벼슬 자리만 얻으면 학교는 그만 퇴학하고 마는 것이었다. 이 때문에 학교 당국자는 학교를 운영하기에 고통을 느꼈던 것이다. 이는 마치 오늘날 일부의 학부형이나 여학생 자신까지도 여자가 대학에 들어가는 것을 시집갈 자리를 얻기 위함으로 생각함과 같은 것이라 하겠다. 그리하여 그러한 여자는 혼인 상대자만 얻게 되면 곧 퇴학하고 마는 것이다. 대학 일 년에 어느 과에 백 수십 명을 뽑았던 것이 졸업 때에는 십 명 내외로 줄어짐의 중요한 원인의 하나가 여기에 있는 것이다. 말이 곁길로 벗어 가게 되었으니 다시 본론으로 돌아가자.

당시 학생들이 머리를 깎음이 목을 벰과 같이 생각하여 상투 위에다가 사포(모자)를 눌러쓰고 다녔으며, 만일 강제로 깎이게 되는 경우에는 통곡을 하고 퇴학하였으며, 자제가 몰래 학교에 들어감이 발견되는 때에는 부형父兄이 잡아다가 다시 서당에 넣는 일이 허다하였다. 이 때에 학교에 다니고 나라를 위한 새 생각을 가진 사람이라면 개화당開化黨이나 이에 찬동하는 이들뿐이었다. 학교라 하더라도 한문의 실력이 우수한 학교를 좋은 학교로 인정하는 형편이었다. 수학, 화학, 물리학, 지리학 따위는 양학洋學이라 하여 무시하였다. 이제도 경상도 고을에는 한문 서당이 수십 곳이나 된다 함을 신문지에서 읽었다. 그러한데 육십육칠 년 전에 한글과 국어를 연구하기로 결심하고 순 한글로 씀이 옳다고 깨달은 선생이야말로 참으로 놀랍고 고마운 선각자先覺者라고 감사하지 않을 수 없다.

## 영어와 국어의 비교 연구

선생의 한글 연구는 배재 학당 학생 생활 때부터 본격화한 것이다. 영어를 배울 때 그 낱 글자의 성질이 우리 글과 공통성이 있음과 그 말본 설명이 우리 말에도 적용될 수 있음을 깨닫고 한글 연구도 진행시킨 것이다. 우리 말의 소리의 풍부함과 낱말이 풍부함과 말의 조리가 밝음을 발견하고 깊은 연구에 잠기게 된 것이다. 너무 정신을 이에 집중하여 생각하느라고 길 가다가 전봇대와 마주치기도 하고 사람과 마주치기도 함이 한두 번이 아니었다.

## 국문 연구소 설치와 선생

학부學部 안에 '국문 연구소國文硏究所'를 설치한 것은, 연산주燕山主의 한글 폐기 뒤로 처음 정부가 한글에 유의하게 되었다는 이 점만으로도 국어학사國語學史 위에 귀중한 사건이 되는 것이다. 그러나 이는 선생이 국어 연구와 사전 편찬 사업에 대하여 상소 건의함(광무 9, 서기 1905년)이 동기가 되었다 한다. 그런데 선생이 이러한 건의를 하게 된 이유가 두 가지 있다고 생각된다. 그 첫째는 그 해(광무 9년) 7월 19일에 지 석영池錫永의 '신정 국문新訂國文' 실시 청원이 임금의 재가로 발표되었는데, 거기에는 'ㆍ'를 폐지하고 '='을 만들어 쓰자 함이 있음이요, 그 둘째는 연산주 이래 정부가 돌아보지 않음을 유감으로 생각하여 세종世宗 때 '정음청正音廳'과 같은 연구 기관을 두어 국어 국문을 부흥시키자 함이 그것이다. 그리하여 선생의 원대로 삼십이 세(광무 11, 1907년) 되던 해 7월 8일에 정부에서는 학부 안에 '국문 연구소'를 설치하게 되었다. 또 선생은 그 위원의 한 사람이 되었다. 그 위원은 다음과 같은 열다섯 명이었다.


위원장(학무국장)  윤 치오尹致旿

위원          어 윤적魚允迪  이 능화李能和  권 보상權輔相

              이 억李億      윤 돈구尹敦求  주 시경周時經

현 은玄檃        송 기용宋綺用  장 헌식張憲植
이 종일李鍾一  유 필근柳苾根  이 민응李敏應
지 석영池錫永  우에무라上村正己


선생은 이 위원 중에 그 질로나 양으로나 가장 뛰어난 연구 보고서를 내어서 중심 인물이 되었다. 그 연구 문제는


1. 국문의 연원

2. 자체字體와 발음의 연혁

3. 초성 ㆁ ㆆ ㅿ ㅇ ㅱ ㅸ ㅃ ㆄ 여덟 자를 다시 쓰는 가부可否

4. 초성에 대한 ㄱ ㄷ ㅂ ㅅ ㅈ ㅎ 여섯 자의 병서법竝書法 일정一定

5. 중성 '='자를 창제하고 ' 、'자를 폐지하는 가부可否

6. 종성 ㄷ ㅅ 두 자의 쓰는 법과 ㅈ ㅊ ㅋ ㅌ ㅍ ㅎ 여섯 자를 종성에도 통용하는 가부可否

7. 자모의 7음과 청탁淸濁과의 구별을 어떻게 할까

8. 4성 표의 쓰고 안 씀과 조선 말소리의 높낮이

9. 자모의 이름을 일정一定할 것

10. 자字의 차례와 줄의 차례를 일정一定할 것

11. 철자법

이었다. 이 문제들도 광무 9년(서기 1905년)에 선생이 정부에 건의한 제목에 근거한 것이라 한다. 연구소 위원들이 각각 이 문제들에 대하여 연구하여 보고하고 또 서로 토론하여 (융희 원년, 서기 1907년 9월부터 융희 3년 12월까지 이십삼회의 토의) 종합 통일된 연구소의 의견을 붙여 내각에 제출하였으나, 학부 대신이 갈리고 나라의 운수가 쇠망해 감으로 말미암아 흐지부지해 버리고 말았다. 선생의 연구 보고서는 제일회, 이회치밖에 전하지 않으나, 그 저서

    『국어 문전 음학國語文典音學』, 융희 2년(서기 1908년) 11월
        6일
    『국어 문법國語文法』, 융희 4년(서기 1910년) 4월 15일
    『말의 소리』, 서기 1914년 4월 13일

들에 나타난 것을 보아, 특히 첫 책을 보아 연구 보고서의 모습을 엿볼 수 있다고 생각한다.


## 선생의 학설

선생의 학설 체계는 세밀한 분석에 있다 하겠다.

  첫째, 소리의 분석이다. 선생의 연구가 발표되기 전에 『대한 문전大漢文典』(최 광옥崔光玉, 융희 2년 1월. 유 길준兪吉濬,

융희 3년 18일)이 발표되었으나 선생의 말소리에 대한 연구가 가장 처음으로 세밀히 분석되어 오늘날 국어학의 과학적 토대를 닦아 놓았다. 홀소리에서는 ㅑ는 ㅣ+ㅏ, ㅕ는 ㅣ+ㅓ, ㅛ는 ㅣ+ㅗ, ㅠ는 ㅣ+ㅜ, ㆍ는 ㅣ+ㅡ의 겹소리라 하였는데, 그 가운데에 ㆍ를 ㅣ+ㅡ라 함만이 오늘 학계에서 부인되고 나머지는 다 선생의 창견創見대로 인정되었다. 또 닿소리에서는 ㅋ은 ㄱ+ㅎ(또는 ㅎ+ㄱ), ㅌ은 ㄷ+ㅎ(또는 ㅎ+ㄷ), ㅍ은 ㅂ+ㅎ(또는 ㅎ+ㅂ), ㅊ은 ㅈ+ㅎ(또는 ㅎ+ㅈ)의 겹소리라 하고 이를 섞임겹소리라 하였다. 또 된소리는 다 ㅅ을 왼쪽에 붙이던 버릇을 깨뜨리고 다 쌍으로 고쳐 ㄲ, ㄸ, ㅃ, ㅆ, ㅉ 같이 적기로 하고 이를 짝겹소리라 하였다. ㄺ, ㄼ, ㄾ, ㄳ, ㆆ… 따위를 덧겹소리라 하였다.

둘째, 낱말로의 분석과 분류, 곧 씨가름이다. 선생의 학설 중 가장 권위 있는 것이 이것이라 하겠다. 이는 우랄·알타이 말겨레, 그 중에도 알타이 말겨레의 특질을 살린 씨가름 법을 세운 것이다. 알타이 말겨레 중에 우리 말이 가장 그 특질을 나타낸 말인데, 선생은 이 특질을 잘 살린 것이다. 그 특질이라 하는 것은 뜻(의미)을 보이는 말('의미 요소' '실사' '개념어'라 함)과 말본(문법)을 보이는 말('말본 요소' '허사' '형식어' '토'라 함)로 갈려 실사實辭나 허사虛辭가 각각 일정한 꼴(모양, 형태)을 가지고 있는 것이다.

고립어인 한문이나 굴절어인 인도·유럽 말은 허사가 분리되지 못하고 한데 녹아 붙어서 도무지 갈라 낼 수가 없이 되어서 말본(말의 법칙)을 보임에는 내부 굴절이나(see→saw→seen, do→did→done, go→went→gone, foot→feet, be→is→are→was→were… 따위 같은) 외부 굴절로 (dog→dogs, look→looks→looked→looking… 따위 같은) 나타낸다. 곧 see, saw, seen에서 '보-'라고 하는 개념과 말본 요소인 때매김(tense)을 갈라 낼 수가 없고(우리 말에서는 'ㄴ다, 았다, ㄴ' 들을 갈라 낼 수 있음), foot, feet에서 '발'이란 개념과 홑셈(단수單數)과 겹셈(복수複數)을 나타내는 부분을 갈라 낼 수 없고(우리 말에서는 '발'이란 개념과 '들'이란 겹셈을 보이는 말을 갈라 낼 수 있음), I, my, me에서 '나'라는 개념과 '가''의''를' 같은 말본을 보이는 말을 갈라 낼 수 없다. 또 he, she에서 '사람'이란 개념과 남성이나 여성을 보이는 성질을 보이는 말을 갈라 낼 수가 없다. 또 외부 굴절을 보이는 씨끝(-s, -es, -ed, -ing 따위)도 따로 독립할 수가 없이 되었다. 한문은 허사가 없이 위치로 말본(문법) 직능을 나타낸다. 그러나 우리 말은 토들(가령 가, 이, 의, 에, 로, 와, 과, 며, 니, 이니, 으니, 으며, 이며, 다, 이다, 는다, ㄴ다, 었다, 았다, 겠다… 따위와 같은)이 일정한 꼴을 가지고 있으며 실사(이름씨나, 그림씨나, 움직씨나, 꾸밈씨라 이

르는 매김씨, 어찌씨, 느낌씨)도 다 각각 일정한 꼴을 가지고 있다. 선생은 이 특질을 가장 잘 살려 실사와 허사를 각각 독립한 말로 보아 씨를 가른 것이다. 이같이 일정한 뜻이나 일정한 직능을 보이는 단위를 낱말로 인정함은 가장 합리적이라 하겠다. 한문과 같은 허사가 없는 말에서도 독립한 일정한 꼴을 가진 허사는 한 낱말로 인정하였고(之, 于, 於, 而, 也, 哉, 耶, 乎, 耳, 矣…같이), 굴절로 말본 관계를 보이는 굴절어에서도 말의 발달과 분화로 독립한 허사는 낱말로 인정하였다(of, to, at, on, in, from, until, and, into…같이). 그러면 위치로 보이는 말본이나 굴절로 보이는 말본을 다 독립한 토(허사)로 나타내는 우리 말에서 실사와 허사를 갈라서 낱말로 인정하고 씨가름 체계를 세움은 참말 놀란 만한 창견創見이라 아니할 수 없다. 그리하여 임(명사名詞), 엇(형용사形容詞), 움(동사動詞), 언(관사冠詞), 억(부사副詞), 놀(감탄사感嘆詞)의 여섯 가지 씨는 실사實辭요, 겻(조사助詞), 잇(접속사接續詞), 끗(종지사終止詞)의 세 가지 씨는 허사虛辭 곧 토씨라 보았다.

이와 같은 씨가름 체계에 좇아 낱말의 일정한 꼴을 가지게 하기 위해서는 재래의 8종성(ㄱ, ㄴ, ㄷ, ㄹ, ㅁ, ㅂ, ㅅ, ㅇ)이나 7종성(위의 여덟 받침 가운데에서 ㄷ을 안 쓰고 ㅅ으로 통용하게 됨)의 규정(중종 22, 서기 1527년 최 세진崔世珍

의 『훈몽자회訓蒙字會』의 범례에 실린 '반절' 27자 규정) 이래 삼백팔십삼 년 동안(융희 4, 서기 1910년 주 선생의 『국어 문법』이 나기까지) 젖어 온 버릇을 깨뜨리고 어느 첫소리(닿소리)든지 말의 소리 나는 대로 다 받침으로 쓰지 않으면 안 된다고 맞춤법의 한 큰 혁명을 일으킨 것이다. 오늘날 표준으로 쓰고 있는 맞춤법은 선생의 이 주장에 좇은 것이다. 가령 떡, 먹〔食〕, 손〔手〕, 곧〔卽〕, 닫〔閉〕, 물〔水〕, 울〔哭〕, 밤〔栗〕, 심〔植〕, 밥〔飯〕, 좁〔狹〕, 굽〔炙〕, 갓〔笠〕, 벗〔脫〕, 창〔窓〕, 낮〔晝〕, 젖〔乳〕, 젖〔濕〕, 꽃〔花〕, 쫓〔逐〕, 부엌〔廚房〕, 솥〔鼎〕, 같〔同〕, 앞〔前〕, 높〔高〕, 좋〔好〕, 넋〔魂〕, 많〔多〕, 끓〔沸〕, 읽〔捕縛〕, 읊〔咏〕, 밟〔踏〕, 삶〔烹〕, 핥〔舐〕, 없〔無〕… 따위와 같이 모든 닿소리는 다 받침으로 쓸 수 있고, 또 그렇게 쓰지 않고는 낱말의 꼴을 일정하게 할 수가 없다고 본 것이다. 이로 말미암아 '훈민정음訓民正音'에 "모든 종성終聲은 다시 초성初聲을 쓰라" 한 원칙을 다시 살리게 된 것이다.

셋째, 월(문장)의 분석도 철저하였다. 선생은 월의 감(재료材料, 성분成分)을 임이(주어主語), 쓰이(객어客語), 남이(설명어說明語)와 이 세 가지 감들을 꾸미는 금이(수식어修飾語)의 네 가지로 갈랐다. 그리고 임이, 쓰이, 남이, 금이의 자격을 정하는 토씨를 빛(직권職權, 격格, case)이라 하였다. 가령, (1) "저 소가 푸르ㄴ 풀을 잘 먹소"의 씨가름은 언(관사冠詞)

임(명사名詞) 겻(조사助詞) 엇(형용사形容詞) 겻 임 겻 억(부사副詞) 움(동사動詞) 끗(종지사終止詞)으로, 감으로 가름은 금이 임이 임이빛 금이 금이빛 씀이 씀이빛 금이 남이 남이빛으로 하였다. 이를 그림풀이(도해圖解)로 다음과 같이 그렸다.

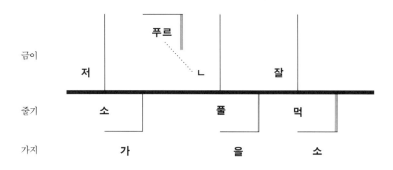

(1)  "저   소   가   푸르 ㄴ   풀   을   잘   먹   소"
(씨가름)  언   임   겻   엇   겻   임   겻   억   움   끗
(감의 갈래)  금이  임이  임이빛  금이  금이빛  씀이  씀이빛  금이  남이  남이빛

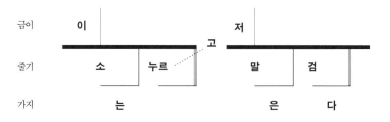

(2)  "이   소   는   누르 고   저   말   은   검   다"
(씨가름)  언   임   겻   엇   잇   언   임   겻   엇   끗
(감의 갈래)  금이  임이  임이빛  남이  잇는 남이빗  금이  임이  임이빛  남이  남이빛

26

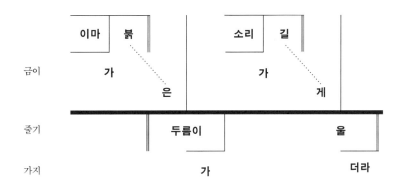

|  | 이마 | 붉 |  | 소리 | 길 |  |
|---|---|---|---|---|---|---|
| 금이 | 가 | | 은 | 가 | | 게 |

| 줄기 | 두름이 | | 울 |
|---|---|---|---|
| 가지 | 가 | 더라 |

(3)　　"이마　가　　붉　은　　두름이 가　　소리　가　　길　게　　울　더라"
(씨가름)　임　겻　엇　겻　임　겻　임　겻　엇　겻　움　끗
(감의 갈래)　임이　임이빛　남이　마디 금이빛　임이　임이빛　임이　임이빛　남이　마디 금이빛　남이　남이빛

　이 월은 임이 '두름이'가, '이마가 붉다'로 되었더면 독립
한 월이 될 것인데, '다'를 붙이지 못하고 '금이' 되게 하는 빛
'은'을 붙인 고로, '이마가 붉'이란 마디를 금이 마디가 되게
한 것이다. '소리가 길게'도 마찬가지로 금이 마디가 되게 한
것은 금이빛 '게'다.

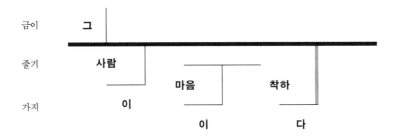

(4)　　　"그　　사람　이　　　마음　이　　　착하　다"
(씨가름)　　　언　　임　　겻　　임　　겻　　엇　　끗
(감의 갈래)　금이　임이　임이빛　임이　임이빛　남이　남이빛

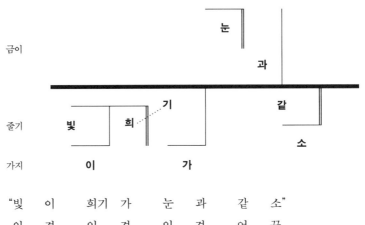

(5)　　　"빛　　이　　　희기　가　　눈　　과　　　같　　소"
(씨가름)　　임　　겻　　임　　겻　　임　　겻　　엇　　끗
(감갈래)　　임이　임이빛　임이　임이빛　금이　금이빛　남이　남이빛


　　또 선생은 일찍이도 가로풀어쓰기를 연구하여 강습소 졸
업증에 실지로 사용하기도 하고 잡지나 저서(『말의 소리』

28

끝에 붙임)로 널리 선전도 하였다.

ㅜㄹㅣ ㄱㅐㄹ ㅔㅣ ㄱㅏ ㄹㅗ ㅆㅐ ㄴㅐㄴ ㅣㄱ ㅎㅣㅁ
(우리 글 의 가 로 쓰 는 익 힘)

ㄱㅐ ㅣㄹ ㅣ ㅎㅏㄴㅏㄹ ㅐㄹ ㄸㅏㄹㅐ ㅁㅕㄴ ㅣㄹ ㄱㅗ ㄱㅐ ㅣㄹ ㅣ
(그 일 이 하날 을 따르 면 일 고 그 일 이

ㅎㅏㄴㅏㄹ ㅐㄹ ㅓㄱㅣ ㅁㅕㄴ ㅈㅣ ㄴㅏㄴㅣㄹㅏ
하날 을 어기 면 지 나니라)

  이같이 씀에 대하여 비난과 욕도 많이 들었다.
  선생은 과연 우리 말을 과학적으로 개척한 원조였다. 오늘
날 국어학계에 활동하는 무명 유명의 국어학자들은 다 직접
간접으로 선생의 훈도를 받지 않은 이가 없다.

## 바른 국어 학설 보급자

선생은 이미 소개함과 같이 연구실 속에 묻혀서 연구만 하다
가 가신 분이 아니라, 연구의 결과 옳다고 결론을 얻은 것은
곧 널리 보급시켜 실행하도록 노력한 분이었다. 연구 보고
서를 국문 연구소에 제출하기도 하고, 저서를 출판하여 누구
나 얻어 볼 수 있게도 하고, 서울 안의 각 학교로 돌면서 수많
은 학생에게 가르치기도 하고, 각종 강습소(그 중에 박동薄洞

보성 학교普成學校 안에 설치한 일요 강습소는 유명한 것이었다)나 외국인의 한어 연구소나, 때때로 여는 강연회로 바른 국어를 널리 전파하였다. 선생이 교편을 잡은 학교는 다음과 같이 굉장히 많았다.

청년 학원青年學院, 공옥 학교攻玉學校, 서우西友, 이화梨花, 명신明信, 흥화興化, 기호畿湖, 숙명淑明, 진명進明, 휘문徽文, 보성普成, 중앙中央, 융희隆熙, 사립 사범 강습소私立師範講習所, 배재培材, 서북西北, 협성協成, 경신儆新, 영창永彰, 외국인 연구소(게일J.S.Gale, 언더우드H.G.Underwood 따위).

## 선생과 광문회

합방 되던 해(융희 4, 서기 1910년) 10월에 육당六堂(최 남선崔南善)이 광문회光文會를 창립하였는데, 그 목적은 나라가 망하였으므로, 귀한 고서古書들이 흩어지고 도둑맞아 없어질 염려가 있으므로, 이를 막기 위하여 고서를 간행하자는 것이었다.『동국통감東國通鑑』『삼국사기三國史記』『해동역사海東繹史』『대동운부군옥大東韻府群玉』『해동소학海東小學』『아언각비雅言覺非』『훈몽자회訓蒙字會』따위가 계속 간행되었음이 기억된다. 선생은 여기에서 국어에 관계된(『훈몽자회』같은) 고서를 교정하는 일과 '말모이(국어사전)' 편찬을 맡아 보았다. 이 '말모이' 원고는 그 뒤 박 승빈朴勝彬 씨가 넘겨 맡아 완성하려고 '계명 구락부啓明俱樂部' 안에 편찬소를 두고 임 규林圭, 이 윤재李允宰, 변 영로卞榮魯 세 분으로 이를 담당하게 하였었으나, 한두 해도 못 가서 경비난으로 중지되고 말았다. 그 뒤 '조선어학회'에서 그 원고를 넘겨 주면 완성하겠다고 교섭하였으나, 박 씨가 거절하므로, 새로 원고를 만들어 낸 것이 한글『큰 사전』이다. '조선어학회'에서 사전을 편찬하고 있는 때에 문 세영文世榮 씨가 총독부의『조선어 사전』(왜말로 풀이한 것)을 번역하고 기워서 국어사전을 낸 것이 국어사전으로는 최초가 될 것이다. 이제 무수한 국어사전들이 쏟아져 나왔지마는, 이 사전 편찬에 최초로 착수한 분은 선생이었다.

## 교육가

이미 말함같이 시내 각 학교의 국어를 도맡아 가르치는데, 그 교재는 등사판에 박아 큰 보에 싸 옆에 끼고 다니면서 학생에게 나누어 주고 강의하였다. 국어뿐 아니라 지리, 역사, 수학 들도 가르쳤다. 이 때문에 오늘의 국어학자는 거의 다그 문하에서 나오게 되었고, 정치계, 교육계에도 그 문하생이 많다. 그러나 당시 학교로서 든든한 터가 잡힌 것이 별로 없었으므로, 선생에게 주는 보수는 박하였고, 그나마 몇 달

씩 건너뛰게 되기 때문에 극히 곤궁한 살림이어서 무명 옷을 입고 짚신을 신으면서도 끼니를 궐한 적도 한두 번이 아니었으며, 창동倉洞(이제 남미창동南米倉洞) 그의 사택은 용신容身하기도 불편한 데다가 햇볕조차 잘 안 들어오기 때문에 낮에도 등불을 켜야 책을 볼 수 있을 정도였다. 그러나 결강缺講은커녕 지참遲參 한 번도 하는 일이 없었다. 사무실로 거쳐 올 시간도 없어서 바로 교실로 걸음을 빨리 하는 것이 상례였다. 충성스러운 인격자로서의 교육가였다.

## 애국자요 정치가로서의 선생

서 재필徐載弼 박사가 배재 학당에서 지리를 가르치면서 입헌 정치 사상을 고취하고 지도하여 학생회를 조직하게 한 것이 곧 협성회協成會다. 그 발기자는 서 박사의 총애를 받는 선생으로서, 양 홍묵梁弘黙, 노 병선盧炳善, 이 승만李承晩, 신 흥우申興雨, 민 찬호閔瓚鎬 등의 여러 분과 함께 건양 원년(서기 1896년) 10월에 협성회를 조직하였다. 회장 양 홍묵, 부회장 노 병선, 서기 이 승만·김 연근金淵根, 회계 윤 창렬尹昌烈·김 혁수金赫洙, 사찰査察 이 익채李益采·임 인호任寅鎬, 사적司籍 주 상호周相鎬(선생의 전 이름).

이 학생 단체는 우리 나라의 '회'라는 단체 조직의 최초였다. 이 때 선생의 나이는 이십일 세였다. 이 회는 학생에 국

한하지 않고 일반에게 공개하여 토론회, 연설회, 정치 강연회를 열어 당시 썩은 국정과 외국의 정세를 견주어 바로잡아 보기를 노력하였다. 또 『협성회보協成會報』를 주간 신문형으로 발간하여 전국적 국민 운동으로 전개하였다. 이는 나중에 일간신문으로 고쳐 『매일신문每日新聞』이 된 것이다. 그 주필은 이 승만 씨였다. 이를 계기로 하여 전국 방방곡곡에서 토론회, 강연회, 금주 단연회禁酒斷煙會가 성행하였다. 일본 제국주의 세력 밑에 들어서는 많은 박해도 당하였다. 배재 학생은 물론 회원의 자격이 있고 일반 회원도 들어오게 허락하여 육백 명 회원(그 중에 학생이 이백 명)에 달하게 되었다. 회의 용어 '동의同意'니 '재청再請'이니 '개의改議'니 하는 말도 이 때에 생긴 것이다. 박수하는 법도 이 때에 생긴 것이다. '협성회'의 광무 원년(서기 1897년) 한 해 동안의 토론 문제를 참고 삼아 들어 보면 다음과 같다.

(1) 국문을 섞어 씀에 대하여

(2) 학생이 양복을 입음에 대하여

(3) 아내와 자매와 딸 들을 각종 학문으로 교육함에 대하여

(4) 학생들이 매일 운동함에 대하여

(5) 여인들을 내외內外시킴에 대하여

(6) 국내 도로를 수선함에 대하여

(7) 우리 나라 종교를 예수교로 함에 대하여

(8) 노비奴婢를 속량贖良함에 대하여

(9) 우리 나라 철도 놓는 데 대하여

(10) 우리 회원들이 인민을 위하여 가두街頭 연설함에 대하여

(11) 회원들은 이십 세 전에 혼인하지 않음에 대하여

(12) 우리 나라에서 쓰는 말[斗]과 자[尺]를 똑같이 함에 대하여

(13) 국민이 이십 세 된 자는 일제히 병정兵丁으로 택함에 대하여

(14) 서울과 인천 사이에 철도 놓는 데 있어서 놓는 규칙을 배우게 함에 대하여

(15) 각처에 공원을 설치하여 인민을 양생養生함에 대하여

(16) 목욕간을 설치하여 몸을 깨끗하게 함에 대하여

(17) 사농공상士農工商 학교를 세워 인민을 교육함에 대하여

(18) 각 곡식 종자는 외국품을 구하여 심게 함에 대하여

(19) 병인病人들을 외국 약으로 치료함에 대하여

(20) 산소(무덤)를 풍수지술風水地術로 구하지 말고 집집마다 마땅한 곳을 택하여 씀에 대하여

(21) 무슨 물건이든지 에누리 말고 매매함에 대하여

(22) 각종 문자를 왼쪽에 씀에 대하여

(23) 내시內市를 출입하는 외국인에게 지세地稅를 많이 받음에 대하여

(24) 우리 나라에도 상하上下 양원兩院을 설립함이 정치상 급선무임에 대하여

(25) 군대의 구령口令을 우리 말로 씀에 대하여

(26) 의관醫官 제도를 복구함에 대하여

(27) 각부에 있는 고문관顧問官들을 한限이 지나거든 외국 사람을 쓰지 않을 것에 대하여

(28) 유의유식遊衣遊食하는 인민에게 제조소製造所를 설치하여 줌에 대하여

(29) 우리 회 중에서 회보를 발간할 것에 대하여

(30) 정부에서 인재를 택하는 과거科擧에 대하여

(31) 개항開港을 많이 함이 나라에 유익함에 대하여

(32) 신문국新聞局을 각처에 설치하여 인민의 이목을 넓힘에 대하여

이러한 풍조는 각 학교 학생 사이에 침투되어, 필자도 서울서 학교에 다니다가 방학에 고향에 가면 예수교 신자를 예배당에 모아 놓고 "자식에게 천금을 물려 주는 것은 한 자 가르치는 것만 못하다(遺子千金이 不如一字敎育)"란 문제를 걸고 토론회를 열던 것이 기억에 남아 있다. 이같이 혁신적 민

중 운동을 전개함으로 인하여 수구당 간신배에게 참소讒訴를 받아 정부의 지시로『협성회보』는 삼 년 만에 폐간되었다.

갑신정변甲申政變(고종 21, 서기 1884년) 때에 미국으로 망명하였던 서 재필 박사는 정부의 신정新政 고문관으로 초빙을 받아 고종 32년(서기 1884년) 8월에 귀국하였다. 그러나 그는 갑신정변 때 가족은 물론이고 외척까지 참살을 당하여 고국으로 돌아왔어도 외로웠었다. 신정 고문관은 십 년 동안으로 약속되었었다. 서 박사를 중심으로 이 상재李商在, 이 준李儁, 윤 치호尹致昊, 이 동녕李東寧, 이 승만李承晚, 주 시경周時經 선생들이 주동이 되어 '독립협회獨立協會'를 조직하고, 기관지로 주간인『독립신문獨立新聞』(4면)을 건양 원년(서기 1896년) 8월 15일부터 발행하게 되었다.『만국 의회 통용 규칙』이란 책도 이 회에서 발간한 것이다. 신문화를 흠모하는 청년들이 지지하여 그 세력은 전국 각 지방으로 확대되고 급진적으로 정부를 떠엎으려는 기세였으므로 정부와 충돌되어 서 박사는 십 년을 못 채우고 삼 년 만에(광무 2, 서기 1898년) 미국으로 떠나가게 되었다. 남은 동지들도 대단한 곤란을 당하였다. 선생은 굴하지 않고 윤 치호 씨 이하 여러 동지들과 협회 및 신문을 계속하면서 연설회와 국제법 강의도 가져서 민중 계몽에 노력하였다. 광무 2년(서기 1898년)에 서 박사가 미국으로 떠나감에 대하여 4월 25일에 선생은

'독립협회' 총대위원 신 용진辛龍鎭, 남궁 억南宮檍 들과 함께 중추원 고문관 서 재필 박사 해임解任에 대하여 정부에 상소까지 하였으나 용인되지 않아서 서 박사는 가지 않을 수 없게 되었다.

서 박사가 떠날 때에 이 준, 이 상재, 김 가진金嘉鎭, 남궁 억여러 분과 가장 총애하던 주 선생에게 '독립협회'와 『독립신문』을 계속하기를 부탁하였다. 선생은 윤 치호 씨와 함께 이를 쾌락하고 전체의 살림과 운영 책임인 총무 겸 교보원校補員으로 활약하였다. 『독립신문』은 4면의 주간週刊으로서 제1면의 1, 2단에는 사설이라 할 논설이 실리고, 제2면의 1, 2단에는 정치 기사가 실리고, 제3면, 4면에는 영문 기사로 한국의 정치적 태동胎動과 생활 풍습, 문화를 소개하여 외국인이 많이 읽게 되었다. 이리하여 한국 사정을 세계에 인식시키기에 노력하였다. 큰 갓, 긴 도포, 행전行纏에 한문만이 학문으로 알던 당시에는 가장 선각자요, 선구자였다.

그러하나 수구파인 정부 당국자는 이 신문의 공격이 싫어서 황제께 모함하여 어느 날 밤 아홉시에 윤 치호 씨에게 입궐하란 명령을 내리게 되었다. 윤 씨는 자전거로 다녀오더니 창백한 낯빛으로 그 경과 이야기도 말하지 못하고 몸이 불편하다고 집으로 갔는데, 선생이 사무실에 남아서 일을 보고 있노라니까 시위병 수십 명이 신문사를 에워싸고 윤 씨를 부르므로 선생은 집에 감을 대답하였다. 병정들은 윤 씨의 소실 청국 부인 집으로 향하였다. 조금 뒤에 영국 병정 한 사람이 "주 상호, 주 상호" 하고 연거푸 부르더니 쪽지를 전하면서 우리 공사관에서 오라 한다고 빨리 가자 함이었다. 영국 공사公使는 선생을 보고 윤 씨도 여기 왔다고 하면서 그 방으로 인도하였다. 윤 씨는 침대에 누웠다가 선생을 보고 공사와 상의하여 여기서 피하면서 하회下回를 보자 함이었다. 그리고 임금께 들은 이야기(『독립신문』의 정부 공격이 너무 과격하다 하고 늦었으니 돌아가라 함)를 하였다. 그리고 신문사로 돌아오던 중 폭발탄으로 자전거 뒷바퀴가 번쩍 들리게 되어 간신히 피해를 면하고 집으로 갔으나 시위병侍衛兵이 에워싸고 잡으려 하므로 뒷문으로 망명하여 (시궁창에 빠져 창피한 모양으로) 치외법권을 가진 영국 공사관으로 와서 목욕하고 옷을 갈아입으면서 선생에게 기별한 것임을 알게 되었다. 십여 일을 이곳에 숨어서 두 분이 함께 피신한 것이다. 공사와 협의하여 정치적으로 사건을 무마시켜 다시 신문을 계속하게 되었다.

그러나 선생은 직필과 직언으로 군중 앞에서 수구파를 공격하므로 군중은 감격하여 "처치하자! 처치하자!"고 소동이 일어났다. 이는 청년회관에서 연설할 때에 일어난 일이다. 수구파는 또 선생을 잡으려 하므로 선생은 변장으로 봉산군 쌍산면 대산동 큰 자형姉兄 이 종호李宗瑚 댁에 숨어서 땅을 파고 김을 매고 있었다. 석 달 만에 사건이 무사히 되었다는 유 일선柳一宣, 남 형우南亨祐 씨의 기별을 받고 서울로 올라왔다.

선생이 큰 자극을 받은 것은 서 재필 박사의 귀국 연설(고종 32, 서기 1895년)에서였다. 서 박사는 갑신정변 때 수구파의 행패와 국정의 그릇됨을 말하면서 안경을 들고 수건으로 눈물을 씻음을 보고 선생은 크게 감동되었던 것이다. 이는 선생뿐만은 아니었다. 일반 청중의 공통한 사실이었다. 수구파들은 독립협회의 전제정치를 지양하고 민주정치를 세우자는 독립당을 잡으라고 남대문에 방榜까지 써 붙였다. 그리하여 이 상재, 남궁 억, 정 난교鄭蘭敎 이하 십칠 명은 경무청에 잡혀가고, 윤 치호, 정 교, 이 근호李根㫚, 최 정덕崔正德, 윤 학주尹學柱 씨 들은 선교사 아펜젤러H. G. Appenzeller 댁에 숨어서 피난하였다. 선생과 이 승만, 이 동녕, 이 갑李甲, 양 기탁梁起鐸, 신 흥우, 유 일선 동지들은 분개하여 가두 연설로 군중을 격동시켜 수만의 군중은 평리원平理院(지금의 고등 법원과 같음) 앞으로 몰려가서 독립당원들을 내놓으라고 한 큰 시위 운동을 하였다. 이것이 '만민 공동회萬民共同會'의 시초였다. 이 때문에 특별 은사령恩赦令이 내리어 그들은 놓이게 되었다.

그러나 선생은 이 승만, 이 동녕, 양 기탁, 신 흥우 동지들과 합력하여 간신의 무리를 공박함은 그치지 아니하였으므로, 이것이 서 재필 박사가 내쫓기게 된 까닭이었다. 수구파는 다시 선생과 이 승만, 이 동녕, 신 흥우, 양 기탁 여러 신진들을 잡아 경무청에 가두었다. 그러하나 잡히기 전에 미리 약속한 남은 동지들은 이구동성으로 잡힌 이들은 주모자가 아니니 책임이 없다고 하여 수십 일 만에 옥에서 나오게 되고, 이 승만, 서 상대徐相大 들의 몇 분만 책임을 지고 중형을 받게 되었다. 옥에서 나온 선생은 감옥에 있는 동지들을 구해 내려고 '만민공동회'를 강화하였으나 내놓지 않으므로, 이 승만 동지에게 권총을 옥중에 던져 드리고 탈옥하기를 종용하였다. 그리하던 참에 또 황제의 특사령特赦令이 내리어 옥중 동지들이 놓이게 되었다.

## 양 계초와 선생

한 번은 중국의 큰 문호文豪 양 계초梁啓超가 우리 나라를 방문하였을 때 '광문회光文會'를 방문한 일이 있어서 선생은 그와 사귀어 접촉하게 되었다. 이 때에 선생은 그에게서 『안남 망국사安南亡國史』 한 책을 얻어 보고 우리 나라가 일본에 지배되어 감이 안남과 비슷함을 알고, 신문이나 강연만으로 사대사상事大思想의 수구파나 친일파를 배격함에 만족하지 못하여, 이를 순 한글로 번역하여 '박문서관博文書館' 주인 노 익형盧益亨 씨로 하여금 발간하게 하였다. 그러나 일본은 이 책을 사 읽지 못하도록 금지하였다. 그러나 일반 민중은 비밀리에 돌려 가면서 읽었다.

## 최 익현 추도식과 그 기념 사업

면암勉菴 최 익현崔益鉉 씨가 왜정에 항거하다가 대마도對馬島에서 굶어 죽게 되었다. 선생과 그 동지들은 왜정의 눈을 피하여 구석진 탑골 승방僧房에서 그 추도식을 열었다. 그리고 그 자리에서 이 상재, 이 갑, 양 기탁 이하 칠십여 명은 그 기념 사업으로 자금을 걷어 외국인이 공사를 진행하고 있는 철도권을 회수하기를 만장일치로 가결하였다.

## 애국심 때문에 대종교로 개종함

선생은 종교가 예수교였었는데 이 때 탑골 승방에서 돌아오다가 전 덕기全德基 목사를 보고 "무력 침략과 종교적 정신 침략은 어느 것이 더 무섭겠습니까?" 하고 물을 때에 전 목사는 "정신 침략이 더 무섭지" 하매, 선생은 "그러면 선생이나 나는 벌써 정신 침략을 당한 사람이니 그냥 있을 수 없지 않습니까?" 하였다. 전 목사는 "종교의 진리만 받아들일 것이지 정책은 받지 않으면 될 것이오" 하였지마는, 선생은 과거

사대사상이 종교 침략의 결과임을 말하고 종래의 국교인 대종교大倧敎(곧 단군교)로 개종하여 동지를 모으려고 최 린崔麟, 기타 여러 종교인들과 운동을 일으켰으므로 종교인들에게 비난과 욕을 사게 되었다. 선생을 '주 보따리' '윤 치호 미투리' '최 남선 패랭이(팽이)' '조 만식曺晚植 행전'이라 불렀다. 이 개종은 선생의 애국심으로 인함이었다.

## 서북 학교와 휘문 의숙 설립의 숨은 운동자

노 백린盧伯麟과 이 갑李甲 씨는 그 부친이 장련長連에서 삼사백 석 추수하는 시골 부자였다. 그러나 민閔 아무 씨에게 다 빼앗기고 얼마 남지 않은 토지를 몰래 팔아 가지고 일본에 가서 군관 학교軍官學校를 졸업하고 돌아와서 군대를 지휘하게 되었을 때, 이 갑 씨는 민 아무 씨를 찾아가서 자기 아버지에게 진 빚을 갚으라고 성화星火같이 독촉하면서 무기武器로 얼렀다. 이 때 선생은 유 길준兪吉濬 등 학자들과 이면 공작裡面工作을 하여서 민 아무 씨로 하여금 빚을 개인에게 갚는 대신, 학교를 세우면 빚도 갚는 셈이 되고 국가를 위하여 큰 교육 사업도 하는 영광을 누리게 될 것이라 하였다. 이 결과로 서북 학교西北學校(나중에 오성五星, 협성協成, 정치政治, 건국建國 대학으로 변함)가 서게 되었다. 또 잇대어 휘문 의숙徽文義塾도 설립하게 된 것이라 한다. 이러한 공작을 한 것은 교육이 국권 회복의 기초라고 보았기 때문이다.

선생은 정주 오산 학교五山學校와 평양 대성 학교大成學校 (안 창호 씨의 설립)의 초청도 받고 재령載寧의 정 찬유鄭讚裕, 김 구金九 씨들의 초청을 받아 강습회를 열었다.

이 한선李漢瑄 씨를 고향인 평산에 보내어 선생의 아우님 되는 시강時綱과 함께 학교를 경영하게 하고, 또 신 원희申元熙 씨를 평산읍에 보내어 학교를 설립 경영하게 하고, 봉산군 봉양원鳳陽園에는 이 달원李達元 씨를 보내어 후진을 양성하게 하였다. 선생의 맏따님 송산松山을 이 종우李鍾禹 씨와 결혼하게 됨도 이 달원 씨의 소개에 인함이었다.

## 나라에 해 되는 일이면 어떠한 영달도 반대함

일본의 이토 히로부미伊藤博文가 영친왕英親王을 일본에 유학시킨다고 데리고 간다 하였으나 실상은 볼모로 잡아 가는 것이었다. 영친왕을 일본 학습원學習院으로 데리고 갈 때 수행원이란 이름으로 따라가게 된 이도 많았다. 선생의 아우 시강 씨도 가려고 하였다. 선생은 이를 억제하면서 "이는 침략의 수단이니 불의의 길에 편승하여 영달榮達하더라도 배달의 피를 받은 국민으로서는 택할 길이 못 된다"고 막았다. 과연 이 때에 따라갔던 사람들은 나중에 일제의 앞잡이로 이 민족, 이 국가를 좀먹게 하면서 개인으로는 영화를 누리게 되었던 것이다.

또 법관 양성소法官養成所라고 하는 기관이 있어서 선생은 그 아우 시강과 민 병위閔丙偉 두 사람을 응시應試케 하였다. 그러나 실력으로 뽑는 것이 아니라 정실情實 관계나 이해 타산으로 좌우됨을 알고 시강은 형님 되는 선생더러 시험장에 얼굴만이라도 한 번 내놓아 주면 무난하겠다고 하였다. 선생은 너희도 그러한 부정직한 사상을 가지느냐고 책망하였다. 과연 부정 처리로 발표됨을 안 선생은 항의도 하고 탄식도 하였다.

### 우애의 정

선생은 형제 간에 우애의 정이 도타웠다. 선생이 서울 사는 백부에게 양자로 가게 되어 갈릴 때에 형제 사이에 서로 붙잡고 통곡하므로 이웃 사람들까지도 이를 보고 눈물 짓게 되었다. 그리하여 서로 갈린 뒤라도 선생이 작고하기까지 이십육 년 동안 열흘이 멀다 하고 생활의 일동일정一動一靜을 마치 일기 쓰듯이 서신 왕복을 끊지 않았다.

### 표창장과 집 한 채

선생은 일생을 통하여 청빈한 생활로 종시일관終始一貫한 학자로, 정치가요 교육가요 애국지사였다. 이것을 잘 알고 동정하는 영남嶺南의 어느 유지有志 한 분(그 이름과 시기는 미상未詳함)이 자기의 재산을 내놓고 유지들에게 돈을 걷어서 가난하고 공로가 많은 선생과 그 밖의 많은 학자에게 표창장과 집 문서를 만 냥짜리 집 한 채(삼십 칸이나 되는)씩 껴서 선사하였다. 선생은 받기를 사양하였으나 주는 이의 굳은 뜻도 꺾기 어려워서 결국은 받게 되었다. 이 집이 별세하던 당시에 거처하던 내수동內需洞 안 집이었다. 그러나 선생이 작고한 뒤 그 부인과 어린 백산白山은 살림에 쪼들려, 최 남선 씨의 말림도 불구하고 팔지 않을 수 없었다.

## 망명 준비 중 갑작스러운 작고와 장서

합병된 지 사 년 뒤(단기 4247, 서기 1914년) 삼십구 세 되던 해 7월의 일이었다. 국운이 이미 기울어질 무렵부터 동지들은 하나씩 둘씩 외국으로 망명하고 또 합병되던 다음 해에 소위 총독 암살 음모라는 생트집의 '백오인 사건'으로 옥에 갇히게 되어 속을 터놓고 의논할 동지도 없고 마음 붙여 위로받을 곳도 없어졌으므로 선생은 뜻한 바를 이루려고 외국으로 망명하기로 결심하고, 이 해 7월 방학을 이용하여 고향인 평산에 가서 부모 형제에게 망명의 길을 떠난다고 하직下直하고 서울로 돌아와서 망명의 길을 떠나려 하던 때, 뜻밖에 체증滯症에 걸려 두어 날 만에 갑자기 7월 28일에 작고하게 되었다. 전 민족과 나라를 위해서나 국어학계를 위하여 큰 손실임을 통탄하지 않을 수 없었다. 혹은 이같은 선생의 갑작스러운 작고가 왜정이 주치主治 의사에게 내린 무슨 지시의 흑막이 있는 때문이라고 한다. 국어학의 터전은 이미 닦아 놓았으나 더 개척할 여지를 남겨 두고, 역사와 종교학을 저술하려고 붓을 들었으나 다 완성하지 못하고 떠나심은 천추千秋의 유한遺恨이라 아니 할 수 없다.

『개벽開闢』잡지의 기록을 보면, 당시 선생의 많은 장서藏書는 유족遺族이 성숙하지 못하여 보관하기 어렵다고 최 남선 씨가 보관한다고 가져갔다고 하였다.

연구에 골몰한 탓인지 선생은 밤 한 시 반부터 다섯 시쯤까지밖에 잠을 자지 못하였으며, 팥밥을 즐기시는 성격이었다 한다. 늘 바쁜 때문에 안安 씨라고 하는 노인을 두고 문서 교정을 돕게 하였으며, 인력거人力車를 두어 성내城內 각 학교의 교수 시간을 어김이 없이 하였다 한다. 선생은 이제까지 생존하셨다 하여도 팔십사 세밖에 안 되고 작고한 지 사십오 돌이 되었으니, 여태까지 생존하셨다면 사십오 년 동안 위대한 업적을 많이 남기셨을 것이 틀림없는 일이다. 생각할수록 아깝고 애달픈 일이다.

4292년 12월 9일 연세 대학원에서.

꼬리말跋文과 해적이年譜

# 김 윤경의 『주 시경 선생 전기』를
# 열화당에서 되펴내는 일


한글 학회에서 1960년에 펴낸 김 윤경金允經의 『주 시경 선생 전기』를 오십육 년 만에 열화당에서 되박아 펴내는 일은 한 겨레말의 머뭇하는 말본을 찔러 일으키는 작은 침이 될 수 있다. 널리 알고 있는 대로 우리네 말본은 주 시경이 일으켰고, 그 말본은 세 갈래로 나뉘어 분석주의와 절충주의 및 종합주의로 갈라졌고, 오늘날의 대세는 절충주의가 잡고 있다.

주 시경은 서당에서 배운 한문 지식과 배재 학당培材學堂에서 배운 영어를 비롯한 서양 학문의 지식을 바탕으로 삼아 열일곱 살 적부터 혼자 우리 말을 연구해서 모든 형태소를 철저히 분해하는 분석주의 말본의 시조가 되었다. 그의 뛰어난 제자들 가운데 김 두봉金枓奉과 김 윤경은 분석주의를 계승했고, 최 현배崔鉉培는 절충주의로 발전시켰으며, 정 열모鄭烈模는 종합주의로 나아갔다. 분석주의는 우리 말의 실사와 허사를 분리하고 허사인 토씨(조사)와 씨끝(어미)을 독립적인 낱말로 세우자는 주장이고, 절충주의는 토씨만 낱말로 인정하는 주장이고, 종합주의는 허사의 독립성을 부정하는 주장이다.

  김 윤경은 특히 언어의 유형이 종합적인 것에서 분석적인 것으로 발전한다는 일반언어학적인 원리와 한겨레말이 유독히 분석적인 언어라는 특질을 들어 분석주의의 이론적인 근거를 세웠다. 언어의 발전 또는 우열에 대해서는 언급하지 않는 것이 오늘날 언어학계의 불문율이기에 첫째 근거는 덮어 두더라도, 한겨레말의 특질이 첨가어라는 언어의 유형 가운데서도 가장 분석적이며 섬세한 데 있다는 사실은 명백한 만큼 강조할 필요가 있다. 최 현배는 주 시경의 수제자이면서도 일본을 통해 들어온 서양의 말본 체계를 따라 풀이씨(용언)의 구성 요소인 씨끝(어미)을 분리하지 않는 절충주의자가 되었고, '우리 말본'이라는 충실한 체계를 세운 공로로 '한글 마춤법 통일안'을 비롯한 말글 규범을 마련하는 1930년대의 학계를 주도했고, 잇달아 광복 직후의 말글 정책을 주관하는 문교부 교과서 편수관의 자격으로 국어 교육의 틀을 잡으면서, 절충주의 말본이 오늘날 국어 교육과 연구의 대세를 휘감은 것이다. 그러나 통사론 중심의 언어인 서양말 문법의 지나친 영향은 형태론 중심의 언어인 한겨레말 문법을 왜곡하는 부작용이 나타나고 있고, 철저한 분석을 거부한 절충주의 언어관은 한글 맞춤법과 표준말 규정 등의 말글 규범에서 어설픈 표음주의를 선택한 결과, 우리네 언어 의식을

둔화시키며 형태소를 매몰하는 결과를 낳았다. 이를테면, 토씨(조사)를 임자씨(체언)의 부속물로 정의하는 통설은 그 본질을 왜곡한 것이라 같은 형태소를 토씨와 매인이름씨(의존명사)로 분열시키고 있고, 도움줄기(보조어간)냐 안맺음씨끝(선어말어미)이냐로 학계를 분열시키고 있으며, 상당히 많은 뿌리(어근)를 가지(접사)로 오인시키고 있고, '미쁘다'(믿브다), '괜찮다'(怪異하지 않다), '고얀'(怪異한), '고약하다'(怪惡하다) 등의 말밑(어원)을 잊어 버리게 만들었다. 절충주의 말본의 잘못을 고치고 모자람을 채우기 위해서는 주 시경이 일으키고 김 두봉과 김 윤경이 계승한 것으로 끝난 분석주의 말본을 되살리고 발전시켜야 할 이유가 뚜렷하다.

주 시경의 전기를 지은 이가 많지만 김 윤경이 지은 것을 한글 학회에서 펴낸 것은 이처럼 남다른 사제 관계를 중시한 결과가 아닌가 한다. 열화당에서 이 얄팍한 전기傳記를 되펴내는 뜻은, 우리 문화의 위인 주 시경을 기념하는 데 그치는 것이 아니라 우리네 말본을 혁신하고 한겨레말의 특질을 밝히는 데 결코 적지 않게 이바지하리라는 점에서 크게 반기며 고맙게 여기지 않을 수 없다.


2016년 5월

김 정수 한양 대학교 명예 교수

# 주 시 경 해적이 年譜

1876    12월 22일(음력 11월 7일), 황해도 봉산군 쌍산면 전산리 무
        릉골에서 아버지 주 학원周鶴苑(1843-1924)과 어머니 연안
        이 씨(1846-1918) 사이에 태어남.

1882    서당에 들어가 십 년 동안 한문을 배움.

1890    한국말의 규칙과 규칙이 지켜지지 않는 현실을 동시에 깨닫
        기 시작함.

1892    한국 사람에게는 한자와 한문보다 한글과 한국말이 우선적
        이고 중요하다는 이치를 깨달음.

1893    6월부터 1894년 2월까지 한문 공부를 그치고 서양의 새 학문
        을 배우기 위해 배재 학당의 박 세양, 정 인덕 교사를 개인적
        으로 찾아가 수학, 지리, 역사, 한문 등을 배우면서 문명이 높
        고 부유한 나라들이 다 자기네 글자를 써서 그렇게 된 것이
        라는 사실을 알게 되어, 우리 말과 글의 가치와 중요성을 깨
        닫고 우리 말과 글의 법을 찾고 세우는 일을 시작함.

1893    7월 7일부터 1898년 3월 31일까지 국어 문법의 줄거리를 짬.

1896    4월 7일부터 1898년 9월까지, 서 재필이 최초로 한글만으로
        띄어쓰기를 창도하는 『독립 신문』을 간행하면서 주 시경에
        게 편집 책임을 맡김.

| 1896 | 5월부터 1906년 12월까지 독립 신문사 안에 국문 동식회를 세워 맞춤법 통일 운동을 이끎. |
|---|---|
| 1897 | 12월 5일, 독립 협회 위원이 되어 정치 활동에 참여함. |
| 1898 | 6월, 배재 학당 특별과를 졸업함. |
| 1899 | 10월 6일부터 1899년 12월까지 제국 신문사의 편집을 맡음. |
| 1900 | 1월 8일부터 1905년 9월까지 영국인 선교사 스크랜튼W. B. Scranton(1856-1922)에게 한국말을 가르치면서 영어를 배움. |
|  | 2월 15일부터 1901년 2월 13일까지 상동 사립학교에서 국어 문법을 가르침. |
|  | 4월부터 11월까지 흥화 학교 야간부 양지과에서 측량술을 배움. |
|  | 6월 16일, 배재 학당 보통과를 졸업함. 배재 학당 교장인 아 펜셀러 목사에게 세례를 받고 예수교인이 됨. |
| 1904 | 3월 26일부터 6월 17일까지 서울 정동의 간호원 양성 학교에 서 사무원으로 일함. |
| 1905 | 2월 12일부터 1907년 6월 29일까지 서울 상동 사립 청년 학 원의 교사와 학감으로 일함. |
|  | 5월, 한성 의학교 교장이던 의사 지 석영(1855-1935)이 'ㅏ' 와 혼동되고 있던 'ㆍ'를 새로운 글자 '='으로 바꾸자는 내용으로 『대한 국문설』을 간행함. |
|  | 7월 19일, 지 석영이 'ㆍ'를 '='으로 바꾸어 쓰게 하자는 내 용의 상소문을 올렸고, 이것이 임금의 허락을 받아 '신정 국 문'으로 공포됨. |
| 1906 | 1월 6일부터 8월까지, 그리고 같은 해 12월에 이화 학당의 사 무를 봄. |

5월 1일부터 1911년 3월까지 서울 상동의 공옥 학교 교사로 일함.

1907 1월 10일부터 서우 학교(나중에 협성 학교로, 오성 학교로 바뀜) 속성반의 국어 교사로 일함.

7월 8일, '신정 국문'의 공포에 따른 반응과 다른 의견들을 통합하기 위한 '국문 연구소'가 설립됨. 주 시경은 지 석영, 이 능화 등과 함께 국문 연구소의 전임 위원으로 뽑히어(1908. 9. 1-1910. 8) 가장 적극적이고 모범적인 연구 활동의 기록을 남김. 여기서 주 시경은 모든 닿소리 글자가 받침으로 쓰일 수 있다는 한글 맞춤법의 중요한 원리와 풀어쓰기를 주창함.

상동 청년 학원 안에 처음으로 여름 국어 강습소를 세우고 강사가 되어 국어를 가르침.

11월부터 1909년 12월까지 상동 청년 학원 안에 국어 야학과를 상설하고 가르침.

11월 30일, 박문 서관에서 『월남 망국사』를 간행함.

1908 여름에 다시 국어 강습소를 열고 강사가 됨.

8월 31일부터 1910년 8월까지 국어 강습소 졸업생들과 동지들을 모아 봉원사에서 '국문 연구회'를 창립함. 이 모임이 한글 학회의 뿌리가 됨.

10월 1일, 『한자 초습』을 간행함.

11월 1일부터 1908년 12월까지 이화 학당에서 강사로 일함.

11월 6일, 박문 서관에서 『국어 문전 음학』을 간행함.

12월 1일부터 숙명 여자 고등 보통학교의 교원으로 일함.

1909 2월 1일부터 1911년 3월 11일까지 흥화 학교의 강사로 일함.

2월 15일, 박문 서관에서 『국문 초학』을 간행함.

2월 28일부터 기호 학교의 강사로 일함.

3월부터 중앙 학교의 강사로 일함.

4월 10일부터 휘문 의숙의 강사로 일함.

세번째 여름 국어 강습소의 강사로 일함.

1910    1월부터 보성 중학교 강사.

4월부터 1910년 11월까지 융희 학교의 강사로 일함.

4월 15일, 박문 서관에서 『국어 문법』을 간행함.

6월부터 1911년 1월 18일까지 사범 강습소(보성 학교와 합침)의 강사로 일함.

7월 12일부터 8월 25일까지 재령 나무리 강습소의 강사로 일함.

8월 29일, 일본이 조선을 삼킴.

9월부터 배재 학당에서 강사로 일함.

1914    4월 13일, 신문관에서 『말의 소리』를 간행함.

7월 27일 6시, 과로에 따른 중병으로 별세해서 상동 교회의 장례식을 거쳐 서울 은평구 신사동 고택골에 묻힘. 경기도 양주군 진접면 장현리에 있는 최 현배의 가족 묘지로 옮겨져 있다가(1960. 10. 1), 동작동 국립 묘지 국가 유공자 묘역으로 옮겨 짐(1981. 12. 12).

한결 김 윤경金允經(1894-1969)은 경기도 광주에서 태어난 국어학자다. 의법 학교懿法學校 고등과를 수료하고, 청년 학원에서 주 시경周時經에게 우리 말에 관한 가르침과 큰 감화를 받았다. 그 뒤 마산 창신 학교昌信學校에서 가르치다가 연희 전문학교 문과에 들어갔다. 조선어 연구회 창립에 참여하고, 수양동맹회修養同盟會 창립 회원이 되었으며, 배화 여학교에서 가르치다가 일본으로 건너가 도쿄의 릿쿄 대학立教大學 문학부 사학과를 졸업했다. 귀국해서 배화 여학교와 성신 가정 여학교誠信家政女學校 교사로 일했으며, 광복한 뒤 조선어학회 상무 간사, 연희 전문학교 이사, 교수 및 총장, 연희 대학교 대학원장, 한양 대학교 문리과대학 교수, 전국 국어국문학 교수단 이사장 등을 지내고 학술원 회원이 되었다. 저서로, 『조선 문자 급 어학사』(1938), 『나라 말본』(1948), 『중등 말본』(1948), 『고등 나라 말본』(1957), 『중등 나라 말본』(1957), 『새로 지은 국어학사』(1963), 『한결 국어학 논집』(1964) 등이 있다.

## 주 시경 선생 전기

김 윤경 엮음

초판1쇄 발행일 2016년 6월 20일  발행인 李起雄  발행처 悅話堂
전화 031-955-7000 팩스 031-955-7010  경기도 파주시 광인사길 25 파주출판도시
www.youlhwadang.co.kr  yhdp@youlhwadang.co.kr
등록번호 제10-74호 등록일자 1971년 7월 2일
편집 조 윤형, 백 태남  디자인 박 소영  인쇄 제책 (주)상지사피앤비

값은 뒷표지에 있습니다.  978-89-301-0520-0  03710

**A Biography of Ju Si-Gyeong** ⓒ 1960, 2016 by Kim Yun-Gyeong
Published by Youlhwadang Publishers. Printed in Korea

이 도서의 국립중앙도서관 출판시도서목록(CIP)은 e-CIP 홈페이지(http://www.nl.go.kr/ecip)
에서 이용하실 수 있습니다.(CIP제어번호: CIP2016011300)